Entre las guerras

Christine Dugan, M.A.Ed.

Créditos de publicación

Asesores de Historia
Jeff Burke, M.Ed.
Fernando A. Pérez, M.A.Ed.

Editoras
Wendy Conklin, M.A.
Torrey Maloof

Directora editorial
Emily R. Smith, M.A.Ed.

Editora en jefe
Sharon Coan, M.S.Ed.

Directora creativa
Lee Aucoin

Director de ilustración
Timothy J. Bradley

Editora comercial
Rachelle Cracchiolo, M.S.Ed.

Teacher Created Materials

5301 Oceanus Drive
Huntington Beach, CA 92649-1030
http://www.tcmpub.com

ISBN 978-1-4938-1666-8
© **2016 Teacher Created Materials, Inc.**

Índice

Tiempos de cambio

Dos importantes guerras se **libraron** en el siglo xx. La primera guerra duró desde 1914 hasta 1918. En las décadas de 1920 y 1930, a esa guerra la llamaban la Gran Guerra. Muchos países diferentes combatieron en esta guerra. Al igual que en todas las guerras, las naciones tomaron partido unas contra otras. Hoy en día, la Gran Guerra se conoce como la Primera Guerra Mundial. En la década de 1940, el mundo libró una segunda guerra, la Segunda Guerra Mundial. Fue aún más terrible que la primera guerra. Estados Unidos participó en ambas guerras y muchos soldados estadounidenses murieron.

Soldados estadounidenses regresan a casa después de la Primera Guerra Mundial y marchan en un desfile en Mineápolis (Minnesota).

Los soldados combatían desde trincheras como esta durante la Primera Guerra Mundial.

Guerra de trincheras

Los soldados combatieron en trincheras en las guerras mundiales. Esto significa que los soldados de cada bando cavaban profundamente en la tierra. Construían fuertes subterráneos que los protegían del fuego enemigo. Las trincheras enemigas podían estar a tan solo 30 yardas (27.4 metros) de distancia unas de otras. Esto hizo que la guerra fuera aun más brutal y peligrosa.

No participación

Después de la Primera Guerra Mundial, los países querían unirse. Querían trabajar juntos a favor de la paz. Se formó la Liga de las Naciones. Estados Unidos nunca fue miembro de la Liga de las Naciones. Muchos estadounidenses querían mantenerse alejados de los problemas en Europa.

Estas dos guerras fueron eventos clave en Estados Unidos y en la historia mundial. Pasaron muchos años importantes entre las dos guerras mundiales, y los acontecimientos que ocurrieron en los años entre las guerras cambiaron el curso de la historia de Estados Unidos.

Durante esos años, cambió la forma de vida de las personas de Estados Unidos. Por un tiempo, muchos estadounidenses tuvieron éxito y dinero. Después, se produjo la Gran Depresión de 1929 y todo cambió. El período entre las guerras se caracterizó por extremos muy marcados en Estados Unidos.

Con estilo

En la década de 1920, el estilo se convirtió en algo muy importante para las mujeres. Muchas mujeres jóvenes llevaban el pelo corto y usaban vestidos cortos. Las mujeres comenzaron a preocuparse más por cómo lucían y vestían. Leían revistas para mantenerse al día con la última moda.

Flappers

Algunas mujeres de la década de 1920 se llamaron *flappers*. Se vestían de acuerdo con las nuevas modas. También actuaban de forma diferente. Las *flappers* eran conocidas por bailar, beber y fumar en público. Muchos las consideraban espíritus libres.

Una *flapper* baila en la portada de la revista *Life* en la década de 1920.

¡Queremos ser iguales!

Durante la Primera Guerra Mundial, muchas mujeres salieron a trabajar. Los hombres estaban lejos combatiendo en la guerra. Entonces, las mujeres ocuparon sus puestos de trabajo en oficinas y fábricas. Antes de esto, muchos opinaban que las mujeres no eran iguales a los hombres. Para estas personas, las mujeres incluso no eran lo suficientemente inteligentes ni fuertes para hacer "el trabajo del hombre". Durante la guerra, las mujeres tuvieron éxito en los mismos trabajos que realizaban los hombres y les demostraron a esas personas que estaban equivocadas.

Parece difícil de creer, pero las mujeres no podían votar a principios del siglo pasado. Las mujeres **sufragistas** habían estado tratando de ganar el derecho al voto desde la guerra de la Independencia. Ellas consideraban que debían poder votar al igual que los hombres. No todos estaban de acuerdo.

Todo esto cambió el 18 de agosto de 1920. La Decimonovena **Enmienda** les dio a las mujeres el derecho a votar. Fue una importante victoria por los derechos de la mujer.

Después de esta victoria, las mujeres buscaron otras formas de lograr la igualdad. El Congreso finalmente comenzó a cambiar las leyes que permitían prácticas de desigualdad. Por fin, el pensamiento que se tenía sobre las mujeres empezó a cambiar.

Las mujeres formaron un piquete frente a la Casa Blanca en 1917. Querían convencer al presidente Woodrow Wilson de que apoyara los derechos de la mujer.

El gobernador de Misuri, Frederick Gardner, firma el acuerdo por el que ese estado ratifica la Decimonovena Enmienda.

Lucha por la supervivencia

El comienzo del siglo xx fue difícil para los afroamericanos. No tenían los mismos derechos que los blancos. Cuando salían a hacer las compras, tenían que entrar a las tiendas por entradas separadas. Si tenían sed, no podían beber de las fuentes que tenían carteles con la leyenda "Solo para blancos". Esta **segregación** basada en el color de la piel era injusta. Los afroamericanos habían combatido duramente en defensa de su país en la Primera Guerra Mundial, y aun así, todavía se los trataba mal en nuestro país.

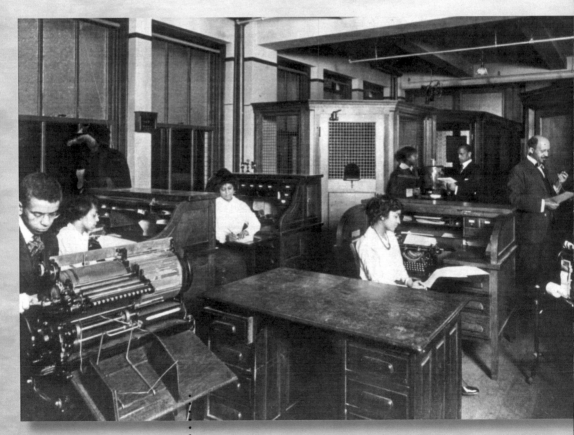

W. E. B. DuBois fue un importante líder en los primeros años de la NAACP. Esta es la oficina de la NAACP donde trabajaba DuBois.

Langston Hughes escribió poemas, novelas, cuentos, columnas periodísticas y obras de teatro.

Diferentes tipos de ayuda

El gobierno, con frecuencia, trataba a los afroamericanos de manera desigual. Durante la Gran Depresión, las personas recibían ayuda del gobierno. Se trataba de dinero que los ayudaba a vivir. Los afroamericanos, sin embargo, recibían menos cantidad de dinero que las personas blancas.

La vida como aparcero

Muchos afroamericanos trabajaban como aparceros. Eso significa que cultivaban tierras que les pertenecían a otros. Los aparceros tenían que compartir algunos de sus cultivos con los terratenientes. Los terratenientes con frecuencia engañaban a los aparceros. Era una vida muy difícil para los afroamericanos. Hay un buen libro que habla sobre este período. Se llama *Retumbo de trueno, escucha mi llanto* de Mildred D. Taylor. Cuenta sobre una familia de aparceros afroamericanos.

En 1909, se formó un grupo especial. Este grupo creía en la defensa de los derechos de los afroamericanos. Se autodenominó Asociación Nacional para el Progreso de las Personas de Color (NAACP, por sus siglas en inglés). El grupo pensaba que la gente necesitaba saber que la segregación no estaba bien. La NAACP sigue activa en la actualidad.

En ese entonces, era importante para los afroamericanos decir lo que pensaban. Los escritores afroamericanos comenzaron a escribir sobre la segregación. W. E. B. DuBois y Langston Hughes fueron dos de estos importantes escritores.

Canto al aire libre

Marian Anderson fue una famosa cantante afroamericana de la década del 1930. En 1939, quiso cantar en Washington D. C. La ciudad aún estaba segregada. Por lo tanto, no se le permitió cantar en el Salón Constitución debido a que era afroamericana. La primera dama Eleanor Roosevelt y otros estaban furiosos. En cambio, la invitaron a cantar en el Monumento a Lincoln. Cantó para 75,000 personas al aire libre. Unas semanas más tarde, cantó en la Casa Blanca.

Desde el Sur hasta el Norte

Louis Armstrong comenzó su carrera en Nueva Orleans. Después, se mudó al norte, a Nueva York. Comenzó a hacer música con Bessie Smith y otros. Personas de todo el mundo se convirtieron en sus admiradores.

Un renacimiento en Harlem

En la década de 1920, se produjo una **migración**. Muchos afroamericanos se trasladaron desde el Sur hacia el Norte y el Oeste. Con ello, esperaban poder escapar de la segregación. Se asentaron en ciudades grandes, como la ciudad de Nueva York, y buscaron trabajo.

Una parte de Nueva York se conoce como Harlem. Allí ocurrió un asombroso **renacimiento**. Un renacimiento es un tiempo de grandes cambios y crecimiento. Proliferaron escritores, cantantes y poetas afroamericanos que escribían y cantaban sobre sus vidas. Sus palabras conmovieron las vidas de otros afroamericanos. Esta época se conoce como el renacimiento de Harlem.

Muchos de estos artistas son aún famosos. Louis Armstrong fue conocido por su formidable forma de tocar la trompeta. Bessie Smith fue una cantante famosa. Duke Ellington fue un reconocido músico de jazz. Zora Neale Hurston escribió literatura afroamericana con genialidad. Para algunos historiadores, este fue el comienzo del movimiento por los derechos civiles.

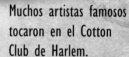

Muchos artistas famosos tocaron en el Cotton Club de Harlem.

Bessie Smith firmó un contrato discográfico con Columbia Records® en 1923. Su primer disco vendió más de 750,000 copias.

Literatura de aquellos días

Muchos escritores y poetas nuevos **publicaron** libros en la década de 1920. Algunos lectores de hoy en día creen que estos libros están entre los mejores del siglo xx. Muchos libros de esa década siguen siendo muy populares hoy en día.

T. S. Eliot fue un famoso poeta de esta época. Escribió un libro de poemas llamado *La tierra baldía* que ocupa un lugar entre la poesía más importante escrita en el siglo xx. Los poemas de Eliot explican cómo Estados Unidos estaba cambiando durante las primeras décadas.

F. Scott Fitzgerald es otro famoso escritor de la década de 1920. Sus libros, por lo general, describían personas que eran ricas y que vivían la vida en su plenitud. *El gran Gatsby*, una brillante novela de Fitzgerald, se publicó en 1925.

F. Scott Fitzgerald y su novela más famosa

Virginia Woolf fue
una gran escritora
de esta época.

Un primo famoso

F. Scott Fitzgerald lleva el nombre
de un primo lejano. Ese primo
era Francis Scott Key. Key fue el
compositor del himno nacional
de Estados Unidos.

Gertrude Stein

Gertrude Stein era conocida
por las repeticiones que
empleaba al escribir. Una
línea famosa que escribió es:
"Una rosa es una rosa es una
rosa es una rosa".

Por supuesto que los hombres no fueron
los únicos escritores en ese entonces. Muchas
mujeres también escribieron obras famosas.
Virginia Woolf fue una de estas escritoras.
Woolf creía que las mujeres debían tener
derechos igualitarios. Sus libros reflejaban sus
ideas. Uno de sus libros más famosos, *Una
habitación propia*, se publicó en 1929.

Otra escritora fue Gertrude Stein. Escritores,
pintores y demás artistas respetaban su punto de
vista. Acudían a ella para escuchar sus consejos
y palabras sabias.

Pintura de Gertrude
Stein por Pablo Picasso

Andar con estilo

Imagina tu vida sin un automóvil que te lleve a donde tengas que ir. Henry Ford fue el **industrialista** que hizo que los automóviles fueran tan populares. Creó el primer automóvil **confiable** el Modelo T, en 1908.

Al principio, a los trabajadores les tomaba mucho tiempo construir un automóvil. Todas las piezas se tenían que colocar a mano. Después, Ford inventó la **línea de montaje**. Cada persona en una línea de montaje instalaba una pieza del automóvil a medida que este circulaba a lo largo de una **cinta transportadora**. De ese modo, se le ponían a cada automóvil todas las piezas que necesitaba. Esto significaba que los trabajadores podían hacer muchos automóviles por día.

La línea de montaje continuó haciéndose cada vez más rápida. En 1912, tomaba 12.5 horas hacer un automóvil. Para 1925, solo tomaba 1.5 hora. Menos tiempo de producción equivalía a menos costos. Rápidamente, los automóviles aparecieron por todas partes.

Ya en la década de 1920, los automóviles eran muy populares en Estados Unidos. Los negocios comenzaron a necesitar choferes. Los estacionamientos y las gasolineras surgieron en las ciudades, y el país necesitaba mejores rutas también. Los automóviles modificaron a Estados Unidos.

Estos Modelos T están saliendo de la línea de montaje de Ford. Todos lucían iguales.

Henry Ford fue un gran líder de la industria automotriz.

Un oscuro día en la historia

Muchas cosas cambiaron durante las primeras dos décadas del siglo xx. Comenzó una participación más activa de las mujeres fuera del hogar. Los afroamericanos se expresaron en las artes. Los escritores escribieron sobre la vida durante ese período. Muchas personas tuvieron sus propios automóviles y se sintieron exitosas. El estado de ánimo en Estados Unidos era de felicidad y despreocupación.

El estado de ánimo del país cambió rápidamente el 29 de octubre de 1929. Hasta entonces, muchos habían comprado **acciones** con dinero prestado. Las personas a lo largo del país se sentían ricas. Ese día, el mercado de valores se desplomó. De repente, las personas adeudaban dinero a los bancos porque tenían que pagar lo que habían pedido prestado. Desafortunadamente, no tenían ese dinero. Muchos negocios cerraron y la gente perdió sus trabajos y hogares.

Hombres y mujeres sin trabajo esperan en largas filas para recibir sopa y pan durante la Gran Depresión.

Diminutas chozas conforman esta Villa Hoover en las afueras de la ciudad de Nueva York. Aquí vivían quienes habían perdido sus hogares.

¿Dónde está Villa Hoover?

Después de tener que abandonar sus hogares, algunas personas pasaron a vivir en chozas de aspecto descuidado. Muchas chozas se asentaron en pequeñas áreas. Estas áreas se conocieron como Villas Hoover. Se llamaron así por el nombre del presidente Herbert Hoover. La gente sentía que el presidente estaba haciendo muy poco para poner fin a la depresión. Lo culpaban de sus problemas.

Martes Negro

El día en que el mercado de valores se desplomó se conoce como Martes Negro. Se le dio este nombre porque fue un día muy triste y terrible para Estados Unidos. Este día marcó el comienzo de la Gran Depresión.

Sin trabajo, no había dinero para comprar alimentos. Para sobrevivir, las familias tuvieron que vender sus posesiones. Muchas personas estaban **desesperadas** por recibir ayuda.

Algunas personas decidieron buscar trabajo en ciudades nuevas. Empacaron las maletas con sus pocas pertenencias y abandonaron sus hogares. Muchas de ellas no podían pagar nuevos hogares, así que familias enteras vivían dentro de sus automóviles. Si una familia no tenía un automóvil, tenía que caminar de ciudad en ciudad.

La Gran Depresión tuvo lugar durante los años que siguieron a la caída del mercado de valores. Superar estos difíciles años fue muy duro para la mayoría de los estadounidenses. Al país le tomó muchos años recuperarse, y fue un período triste y difícil de la historia estadounidense.

Nubes de polvo

En esta época, el clima era extremo en el **Medio Oeste**. La lluvia era escasa. Por eso, había grandes tormentas de polvo que duraban horas o días. Había tanto polvo en el ambiente que no se podía ver delante de uno. Hacía que la vida fuera aun más difícil para los granjeros.

Una fotografía de la época

Muchos fotografías cuentan la historia de la depresión. Dorothea Lange era fotógrafa en la época. Tomaba fotografías de personas comunes y corrientes que trataban de sobrevivir. Su obra cuenta la historia de las adversidades de la Gran Depresión.

Esta fotografía de una madre migrante es posiblemente la fotografía más famosa de Lange.

Otra vez en marcha

Este repentino cambio en la vida obligó a muchas personas a trasladarse a otras áreas. A principios de la década de 1930, las familias comenzaron a trasladarse de sus hogares a nuevas ciudades o estados. Estas personas se llamaron **migrantes**. Buscaban volver a empezar. Muchos se dirigieron hacia el oeste ya que creían que la vida sería mejor en California.

Algunos de los recién llegados a California no fueron bien recibidos. Los californianos los apodaron "okies", que se refería al hecho de que algunos de ellos provenían de Oklahoma. Los californianos pensaban que los "okies" eran pobres y sucios. Las personas en California no querían que los "okies" se mudaran allí.

Los migrantes de California vivían en campamentos. Los campamentos no eran lugares muy agradables para vivir, pero al menos tenían carpas para dormir, comida y lugares para ducharse. En los campamentos, las familias hacían amigos y se ayudaban entre sí. Muchos migrantes encontraban trabajo en granjas mientras se trasladaban de un campamento a otro. La vida era todavía muy difícil, pero las cosas estaban empezando a verse más positivas para algunos estadounidenses.

Las sequías causaron tormentas de polvo como esta en Kansas.

Esta familia migrante vive en un automóvil. Van camino a California en busca de una mejor vida.

Un poco de diversión de vez en cuando

Durante la Gran Depresión, las personas buscaban hacer cosas que los distrajeran de los problemas. Deseaban pensar en otras cosas que no fueran sus propias dificultades. A principios de la década de 1920, ir al cine costaba entre cinco y diez centavos. Cerca de la mitad de todos los estadounidenses iba al cine todas las semanas. Al principio, todas las películas eran mudas. Sin sonido, los actores tenían que contar historias sin hablar. Luego, a fines de la década de 1920, las películas comenzaron a tener sonido. Las personas estaban entusiasmadas de ver estas nuevas películas llamadas "películas habladas".

Clara Bow fue una actriz reconocida durante esta época. Comenzó su carrera en la actuación tras ganar un concurso de una revista. El premio era un papel en una película.

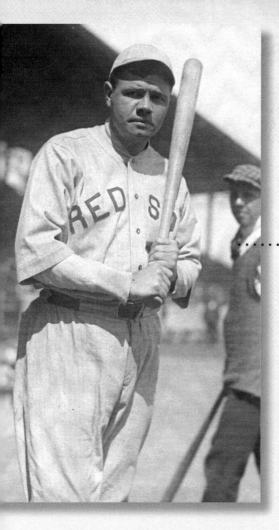

Babe Ruth comenzó su carrera en el béisbol con los Medias Rojas de Boston. En 1920, se pasó a los Yankees de Nueva York. Algunas personas creyeron que por este pase recayó una maldición sobre los Medias Rojas.

La casa que construyó Ruth

El Yankee Stadium es un estadio de béisbol famoso. Abrió sus puertas en Nueva York en 1923. En el primer juego que se jugó allí, Babe Ruth bateó el primer jonrón del estadio. Al Yankee Stadium se lo apodó "La Casa que Construyó Ruth".

La chica "It"

Clara Bow fue una actriz famosa en la década de 1920. Protagonizó muchas películas mudas. Una película, llamada *It*, la ayudo a recibir el apodo de "La chica 'It'". Este término aún se usa para describir artistas populares en la actualidad.

Otro pasatiempo favorito era el béisbol. Los partidos de béisbol divertían a personas de todas las edades. El juego ya se jugaba desde hacía muchos años. En 1935, tuvieron lugar los primeros juegos nocturnos. Los Yankees de Nueva York eran un equipo exitoso en ese entonces. Babe Ruth jugaba para los Yankees. Muchos fanáticos del béisbol creen que fue uno de los mejores jugadores de todos los tiempos. El deporte ayudaba a las personas a olvidar sus propias adversidades.

Carteles en alto

Los trabajadores en huelga llevan carteles de piquete. Estos carteles tienen mensajes para las personas a cargo. Un cartel de piquete podría decir: "¡Mejores condiciones de trabajo en nuestra fábrica!". O, en los carteles se podría pedir más dinero. Los sindicatos por lo general querían mejores horarios de trabajo también.

Sentado en el trabajo

La mayoría de los trabajadores en huelga caminaban sosteniendo carteles. Pero una famosa huelga fue una huelga de brazos caídos. En una fábrica de automóviles en 1936, los trabajadores se sentaron mientras estaban en el trabajo. La huelga duró 44 días.

Estas dos mujeres sindicalistas están en huelga en la ciudad de Nueva York.

¡En huelga!

La Gran Depresión trajo tiempos difíciles para los estadounidenses. Las personas se dieron cuenta de que tenían que trabajar arduamente para mejorar sus vidas. Esto las hizo pensar en cómo eran tratados los trabajadores, y muchas personas consideraron que los trabajadores necesitaban mejores opciones.

Los trabajadores formaron grupos llamados **sindicatos**. Los sindicatos protegían a los trabajadores de tratos injustos. Unirse les daba más poder a los trabajadores. Si un trabajador pedía un mejor sueldo, corría el riesgo de que el jefe lo despidiera. Si lo pedían 500 trabajadores, el jefe tenía que escucharlos. De lo contrario, los trabajadores podían hacer huelga y eso dejaría a la compañía sin trabajadores. Sin trabajadores, la fábrica cerraría y entonces el negocio no generaría nada de dinero.

Por supuesto, a muchos jefes no les agradaban los sindicatos. Con frecuencia, las discusiones se tornaban violentas. A veces, otras personas tenían que intervenir y ayudar a resolver los problemas. Los sindicatos aún tienen una función importante en las compañías estadounidenses actuales.

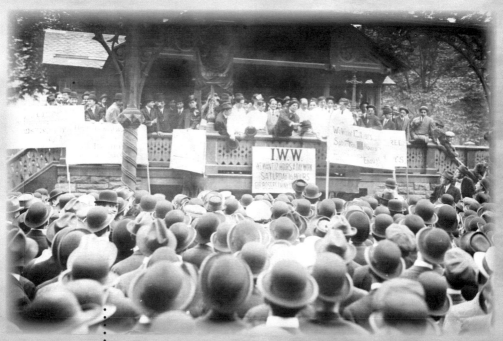

El sindicato de barberos hizo una huelga en Union Square, Nueva York.

El presidente Franklin Roosevelt describió cómo planeaba hacer que Estados Unidos volviera a ponerse en pie.

La primera dama Eleanor Roosevelt se reúne con un grupo de mujeres y escucha con atención lo que tienen para decir. Luego, comparte sus preocupaciones con el presidente.

Un líder nuevo y prometedor

En 1933, los estadounidenses eligieron a Franklin Delano Roosevelt como presidente. Roosevelt se puso a trabajar de inmediato. El presidente Roosevelt dio un famoso discurso de **toma de posesión**. Dijo: "A lo único que hay que temer es al miedo en sí". Sus valientes palabras durante la Gran Depresión hicieron que las personas confiaran en él. Creían que él podría volver las cosas a la normalidad.

Roosevelt tenía un plan llamado el Nuevo Trato. En este plan, firmó muchos proyectos de ley diseñados para ayudar a los necesitados. Sus nuevos programas les dieron a los desempleados los trabajos que tanto necesitaban. En lugar de vivir en carpas o en las calles, quería que tuvieran hogares. En lugar de hacer trabajar a los niños pequeños, quería que estos regresaran a la escuela. Este plan tuvo éxito y pareció levantar el espíritu de los estadounidenses.

La primera dama, Eleanor Roosevelt, fue de gran ayuda también. Viajaba por el país. Quería conocer al pueblo estadounidense. Escuchaba sus preocupaciones y luego se las transmitía a su esposo. Sin ella, el presidente Roosevelt no habría comprendido tan bien a los estadounidenses.

La salud de FDR

El presidente Roosevelt sufría de **poliomielitis**. Usaba una silla de ruedas o un bastón para moverse. La poliomielitis le dificultaba viajar a Roosevelt. Su esposa, Eleanor Roosevelt, con frecuencia viajaba en su lugar.

Sopa de letras

Las personas llamaban a Roosevelt por sus iniciales: FDR. Al referirse a muchos de sus nuevos programas también lo hacían con sus iniciales. Por ejemplo, a la ley de recuperación nacional, la llamaban NRA (National Recovery Act). El Cuerpo de Conservación Civil era el CCC (Civilian Conservation Corps). Y la Administración para el Progreso del Trabajo era la WPA (Works Progress Administration). Es por ello que algunos llamaron al proyecto de Roosevelt los "programas de sopa de letras". Estos programas ayudaron a generar puestos de trabajo para miles de estadounidenses mientras Estados Unidos se reconstruía.

Programa de Préstamo y Arriendo

Estados Unidos comenzó a vender, prestar y dar productos a los países que combatían contra Alemania, Italia y Japón en la Segunda Guerra Mundial. El Congreso le dio a FDR el poder de decidir cuánta ayuda prestar a otros países. Gran Bretaña, China y la URSS recibieron la mayor parte de la ayuda del préstamo y arriendo.

Charlas junto a la chimenea

Roosevelt comenzó un programa de radio en el que, todas las semanas, le hablaba al pueblo. Esta serie se llamó "charlas junto a la chimenea". Las personas se sentaban en sus hogares y escuchaban lo que les decía. Comenzaron a sentir que él comprendía las adversidades que sufrían. Hasta la actualidad, los presidentes han continuado usando la radio y la televisión para hablarle al pueblo. La historia les ha enseñado a los presidentes que es importante hablarles a los ciudadanos estadounidenses.

Cambios alrededor del mundo

A fines de la década de 1930, se estaban produciendo cambios alrededor del mundo. La guerra había estallado en Europa nuevamente. Había conflictos en Asia también. Estados Unidos sabía que no podía vivir en **aislamiento**, pero el país no estaba listo para participar en la guerra. Entonces, Estados Unidos decidió prestar ayuda.

El presidente Roosevelt comenzó el Programa de Préstamo y Arriendo. Le pareció que, además, era una manera de ayudar a su propio país. Enseguida, las fábricas estuvieron ocupadas haciendo productos para la guerra. Los países extranjeros necesitaban productos como mantas, uniformes, barcos y aviones. Este tipo de trabajo requería una gran cantidad de trabajadores, y cada día se creaban más puestos de trabajo.

Con todos estos nuevos puestos de trabajo, había cada vez más mujeres que comenzaban a trabajar también. Y los afroamericanos estaban trabajando en nuevos empleos. Los **salarios** comenzaron a mejorar para los trabajadores. Esto ayudó a quienes habían pasado dificultades por tanto tiempo durante la depresión.

Elaborar materiales para la Segunda Guerra Mundial ayudó a poner fin a la Gran Depresión. Estados Unidos finalmente estaba volviendo a ponerse en pie.

Franklin Roosevelt dio muchas "charlas junto a la chimenea" durante sus años como presidente.

Estados Unidos comenzó el Programa de Préstamo y Arriendo para ayudar en la guerra sin participar en ella. Este mapa muestra las rutas por las que viajaba la ayuda.

De vuelta a la guerra

El presidente Roosevelt observaba con mucha atención los eventos entre 1939 y 1941. Algunos países querían que Estados Unidos participara en la guerra. Sin embargo, los estadounidenses aún no estaban seguros.

Esto cambió el 7 de diciembre de 1941. Ese día, Japón atacó a Estados Unidos. Los japoneses bombardearon una base militar en Hawái llamada Pearl Harbor. Murieron más de 2,400 estadounidenses. El Congreso de Estados Unidos le declaró la guerra a Japón.

El ataque japonés sorprendió a las personas en Pearl Harbor.

Adolf Hitler era el gobernante de la Alemania nazi.

Presidente por cuarta vez

El presidente Roosevelt fue elegido cuatro veces. Es quien más veces ha sido presidente en la historia. De hecho, la Vigesimosegunda Enmienda de la Constitución establece que los presidentes pueden elegirse solamente dos veces. Roosevelt murió el 25 de abril de 1945. El vicepresidente Harry S. Truman se hizo cargo de la Casa Blanca. El presidente Truman ayudó a poner fin a la Segunda Guerra Mundial.

Alemania y Japón formaban parte de las **Potencias del Eje**. Entonces, Alemania le declaró la guerra a Estados Unidos. Estados Unidos tuvo que defenderse. Eso significaba que Estados Unidos tendría que luchar en dos partes del mundo al mismo tiempo. Un enemigo se encontraba en Asia y el otro en Europa.

Para entonces, la vida en Estados Unidos había cambiado. En lugar de preocuparse por tener alimentos y trabajo, los estadounidenses se centraron en sobrevivir a la Segunda Guerra Mundial. Trabajaban en el país y en el extranjero para apoyar el esfuerzo de la guerra. El fin de la Gran Depresión finalmente llegó debido a la guerra.

Dos rendiciones

Los combates en Europa finalizaron el 8 de mayo de 1945. Alemania se rindió. Cuatro meses más tarde, Japón se rindió. Los combates en Japón finalizaron el 2 de septiembre de 1945.

Glosario

acciones: acciones de una compañía que muestran la propiedad y el derecho a recibir parte de las ganancias

aislamiento: estar solo y sin preocuparse de los problemas de otros países

cinta transportadora: una banda que se mueve continuamente y transporta las cosas de un punto a otro

compositor: alguien que escribe canciones

confiable: fiable

desesperadas: estar preocupadas o necesitadas

enmienda: un cambio de la Constitución; dos tercios de los estados deben estar de acuerdo con el cambio

flappers: mujeres jovenes de Estados Unidos en la década de 1920 con un cierto estilo y actitud

industrialista: una persona que posee o controla un negocio de fabricación

libraron: llevaron adelante o lucharon

línea de montaje: un proceso en el que un artículo se mueve a lo largo de una cinta transportadora y los trabajadores le agregan algo al artículo a medida que circula hasta que se ensambla toda la pieza

Medio Oeste: estados del centro de Estados Unidos

migración: irse de un lugar para instalarse en otro

migrantes: personas que se han ido de una región para establecerse en otra

poliomielitis: un virus que afecta las células nerviosas en la médula espinal y puede causar parálisis

Potencias del Eje: Alemania, Japón e Italia en la Segunda Guerra Mundial

publicaron: imprimieron para el público

renacimiento: una época de crecimiento y cambio

salarios: el dinero recibido por realizar un trabajo

segregación: separación forzada de grupos basada en la raza

sindicatos: grupos de trabajadores formados para proteger sus derechos

sufragistas: personas que apoyan la extensión del derecho de voto a los demás, especialmente a las mujeres

toma de posesión: relacionado con el momento en que un presidente toma posesión del cargo

Índice analítico

Créditos de imágenes